JN410444

인류

인류

박찬일 시집

문학의전당

| 시인의 말 |

요즘 화두가 '인류가 기억될 수 있는가' 이다. '인류를 기억해주는 종이 존재하게 될 것인가' 이다. 6도의 악몽(지구온난화), 대멸종이 심심찮게 언급된다. 아직 인류는 300만 년이 안 되었다고 하는데, 공룡은 1억 5000만 년 이상 번성하였다고 하는데. 하긴 300만 년도 영원한 시간이고, 1억 5000만 년도 영원한 시간이다. 인간은 오래 존재하였다.

| 차례 |

인류

눈 없는 곳에 비가 오도다

쳐다보는 눈이 없다
아니, 눈이 없도다
눈 없는 곳에 비가 오도다
세상 안에 비가 오도다
세상 바깥에 오는 비를 보았으면
비라고 할 수 없는 비
눈 없는 곳에 비가 오도다
비라고 할 수 없는 곳
숨죽이며 비가 오도다

인류에 대한 관심 1

인류가 기록될 것인가
현생인류들이 유럽을 중심으로 20만 년 이상 번성했다는
네안데르탈인을 잡아먹었다는 기록
네안데르탈인의 턱뼈에 난 예리한 돌칼자국에 대하여
상세하게 기술하고 있지만
현생인류는 아주 오랜 시간 동안 번성하다가 천천히 사라져 간 디노사우르에 대해
더 기록하겠지만

"인간이란 종이 고정된 것도 영원한 것도 아니다"라는 오래된 소식
인류가 기록될 것인가
인류가 스스로 기록하고 있다 하더라도
기록된 인류를 다시 기록하는 종이 있을 것인가
네안데르탈인을 돌칼로 발라먹었다는 현생인류
우리를 잡아먹는 종이 기록하는 종이 되어갈 것인가
네안데르탈인이 기록하지 못했듯이
디노사우르가 기록하지 못했듯이

인류가 잊혀지게 될 것인가

인류에 대한 관심 2

잊혀진 존재자들, 존재들
인류 뒤에 다시 오는 존재, 존재자들
우연의 역사가 다시 시작하지 않는다
네안데르탈이 기억되지 않는다
크로마뇽인이 발견되지 않는다
자유의 여신상이 발견되지 않는다
인류가 읽혀지지 않는다, 마이클 잭슨이 들리지 않는다
네안데르탈인이 종말하는 때
태양 그림자가 어른거리고 있었듯
현생인류가 종말하는 때 태양 그림자가
어른거리고 있었듯
영원하지 않는 인류; 영원하지 않는 인류
우연의 역사가 다시 시작하지 않는다
인류가 읽혀지지 않는다; 시가 읽혀지지 않는다
영원한 네안데르탈인 20만 년
영원한 디노사우르스 1억 5000만 년
기록하였지만 기록되지 않는다

首都는 세계 바깥에 있다는 말

또 하나의 세계에 골몰하고 계시다는 뜻

뜻으로 본 한국 역사?

빈 란의 내용—인류가 세트다

잘 깎은, 길이가 똑같은, 노란, 연필 세 자루
몇 번 사용한, 만장일치용 연필
여태까지의 인류와 앞으로의 인류

연필심이 모습을 드러냈다

비가시적 세계가 가시적 세계로
앨리스, 이상하지 않은 나라의
호모 사피엔스 사피엔스, 호모 사피엔스 사피엔스의 先代, 400만 년쯤
同時에 밑줄 치는 연필 세 자루
신문: 북방한계선이 점점 올라간다고 잔잔하게 보도한다
신세계, 롯데, 현대가 매출액을 다툰다
오락가락하는 보슬비

오래된 인류, 들락날락한
신종 인플루엔자와 계절성 독감
비타민 A와 비타민 C

일광욕하는 인생이 증가한다
+3도의 악몽과 +6도의 악몽 사이
날카로운 연필심 세 자루가 同時에 움직인다
빈 란에 메모한다

반복해서 읽어도 세뇌되지 않는
빈 란의 내용 — 인류도 세트다

화장실 거울－세계의 의미가 불빛 끝에 있다

한 손에 숟가락, 한 손에 두루마리 휴지
화장실 거울에 비친 모습이다
한 손에 전화기, 한 손에 지하철 손잡이
2653 지하철 손잡이를 전부 合算한다
지층에서 꼭대기까지 걸어간다
엘리베이터보다 런던지하철이 오래되었다
최대이윤의 법칙 — 필요한, 행동하는 머리
화장실 거울에 비친 모습이다
세계가 있는 것, 신비스러운 일이긴 하나
묻지 않은 소크라테스들; 자리를 옮기지 않는 神
기쁨이 절실하다
세계가 있는 문제 — 절실한 문제다
간절하게 기도한 적 없으니
간절히 웃은 적 없으니
화장실 거울이 세 개로 갈라지는 중
세계가 있는 것, 절실한 문제이긴 하나
望을 絕한 적 많으나
불안의 힘이라고 말한 적 많으나

불안이 힘! — 전면적으로 긍정한 적 많으나
아름다운 탄식과 아름다운 기쁨
아름답게 보이는 種들이 많으나
절실한 문제가 '세계가 있다고 하는 것'
플러스, 대부분 불안한 중
거울에 들어가 나오지 않는 種
세계의 의미가 불빛 끝에 있다
그만 생각지 않는 데에 있다

운동장이 비었다

사람들이 뛰어 들어온다
운동장에서 본부석 아래로 철수한다
철수하고 있다

부르짖으며; 큰 소리로, 혹은 들리지 않은 소리로
사라진다
부르짖으며 사라지려는 조건을 충족한다
인류 만세, 대운동장 만세

본부석에서 그윽하게 내려다보는 분
운동장 두 개를 내려다보는 분

부지런히 정진하여라, 좋은 말이다

수에즈만과 아카바만 사이에서 무슨 일이
다시 벌어졌던 걸까
그가 사라지면 인류의 위대한 보고가 사라진다
인류가 사라진다, 인류가 잊혀진다
가장 안쪽을 붙든 돈돈돈이 사라진다
예기치 않은 일이 예기치 않은 일
예기한 일이 이루어진다
인류가 잊혀진다, 돈돈돈이 잊혀진다
맡긴다, 맡긴다는 말 참 좋은 말이다
기차소리 오막살이에 맡긴다
아침 저녁 점심밥에 맡긴다
殺意 추동에 맡긴다
맡긴다는 건 좋은 일이다
부지런히 정진하여라, 좋은 말이다

인류의 황금기

기둥이 세워져 있는 것이 기둥이다
파르테논 신전의 기둥들; 한강의 수많은 기둥들
인류 정신을 떠받친다
기둥이 또 다시 기둥을 만든다
맨 나중에 남는 기둥들; 남아메리카의 평화
아파트들이 떠받치는 것이 아파트 안의 정신들이다
아파트 정신이 님의 침묵을 휩싸고 돕니다
파르테논 신전을 직접 보기 힘든 일
한강대교 붕괴는 단 한 번 있었던 우연
붕괴하다가 만 우연의 긴 역사
기둥이 떠받들고 있는 것이 붕괴하지 않는다
하느님을 떠받든 것이 아니다
인류를 떠받든 것이다
하느님을 떠받들지 않고 인류를 떠받든 것이다
하느님의 인류가 아니라 인류의 하느님
인류를 떠받들고 있는 우연의 긴 역사
기둥은 맨 처음 물었을 것이다
기둥 위에는 무엇이 있을까

기둥 위에도 찬바람이 부는지 몰랐을 것이다
무슨 상관인가
기둥 위에 찬바람이 불고 있다
무슨 정신인가, 무슨 상관인가
인류가 황금기를 누구와 보냈을까

우주를 벗어날 것이다

육식공룡이 멸종한 6천5백만 년 전
거북이 등장한 2억 2천5백만 년 전
분해하고 분석한 것들, 다시 분해하고 분석할 것인가
내려놓으라, 내려놓으라; 오늘 저녁 나와 함께 낙원에 있으리
낙원이 발견될 것인가, 발명될 것인가
세계가 있는 것이 다시 궁금하다
原因이 밝혀질 것인가
베르터의 고뇌; 영원히 집어삼키고 영원히 반추하는 세계
두려움 · 노여움이 가다 말 것인가
12척의 배로 133척의 배를 명랑하게 물리친 이순신
호나우두의 神技가 설명될 것인가
신비스러운 것의 神秘가 설명될 것인가
8월 26일 來日 모레 글피가 아버지 생신,
할아버지가 태어나지 않았더라면
내려놓으라, 내려놓으라, 산이 산이요, 물이 물이다
그가 입증될 것인가; 편하게 돌아가고 싶다
상한 고기를 먹고 돌아가신 붓다; 정진하고 싶다
병든 자가 병든 자; 2차원 인류

인류가 분해되고 분석될 것인가
병이 해소될 것인가; 더 깊어지지 않을 것 같으면
해방되었다면 다른 인류가 아닌가
내려놓으라, 내려놓으라
시간을 조금 더 달라, 시간을 조금 더 달라
悲劇으로 끝나라는 법이 없다
오늘이 최후이면, 최후이면, 비극적 최후다
來日 인류는 변할 것이다
우주의 우주로 멀어지고 있을 것이다
우주를 벗어날 것이다

호모 사피엔스 사피엔스

푸른색 공기 푸른 대지들 푸른 냄새
테두리만 남은 푸른 태양
그림자가 집안까지 들어오는 때
최종 판단을 기다려야 한다
일어날 것인가 누워서 맞을 것인가
네안데르탈을 멸문한 호모 사피엔스 사피엔스
호모 사피엔스 사피엔스를 멸문하는 것을
누워서 맞을 것인가
서서 맞을 것인가 서서 가기 원한다
서서 가기 원할 것인가
네안데르탈을 기록한 21세기 호모 사피엔스 사피엔스
호모 사피엔스 사피엔스는 기록되지 않을 것이다
호모 사피엔스 사피엔스가 기록된다면
말보로를 피우고 있을 일이 아니다
테두리만 남은 푸른 태양

푸른 대지들 푸른 냄새 푸른 광기
테두리만 남은 푸른색 태양

새벽의 함성소리 오랜만이다

오랜만이다, 새벽의 함성소리
함성이 일몰까지 이어져서
일몰을 해내기를,
함성으로 시작해서 함성으로 끝내는 것
선한 손이 인도하는 대로

함성을 지를 수 없을 때가 온다
이해할 수 없을 때
함성을 지르며 공중을 밟는다

자발적 함성으로 일몰하는 일,
새벽의 함성소리 오랜만이다*

* 새벽이 일몰을 격려하는 것이 아니라, 일몰이 새벽을 격려한다. 새벽을 격려해야 일몰까지 간다. 일몰을 거쳐 새벽까지 간다. 새벽의 함성소리를 주조한다. 매일매일 새벽의 함성소리다. 일몰은 새벽으로 완성이다.

편하게 죽여주지 않으실 리 없다

神이 없으면 누가 있다는 말인가
詩 세 편이 든 노트가 책상 왼쪽 켠에 있었다
내가 안도했고 돌아와 누웠다
감사하지 않으면 무엇을 한다는 말인가
내가 神에게 감사했다
기쁨이 없으면 무엇이 있다는 말인가
"편하게 죽고 싶어요"
박나래, 스무 살을 갓 넘겼을 것이다
편하게 죽지 않으면 무엇이 있다는 말인가
내가 죽으면, 누가 나 대신 기뻐해주지 않는 이가 없다면
누가 있다는 말인가
근거 없는, 神에 대한 악평
절실히 감사할 일이다
편하게 죽여주지 않으실 리 없다

플로티노스, 육체를 경멸한

숨 쉬기를 싫어하는, 먹기를 싫어하는
태어난 곳 — 태어난 때를 언급하지 않는
껴안는 게 쉽지 않을 듯
부모를 매장하는 일
떠나는 게 쉽지 않을 듯
약을 거부하고 부르짖고 부르짖으니
모든 것이 부르짖고 부르짖지 않았을까
최상급의 대가, 육체를 경멸한
육체만큼 아픈 적이 있었는가
만회하지 못하는 플로티노스
미치지 않으면 떠나기 힘드리
미쳐서 떠날 줄 모른 플로티노스
돌아오는 길 찾지 못하리

2010년

파울 첼란은 세느강에서 50에 죽어 주었고
내 친구 우철동씨*는 몇 살 더 먹었으니
첼란보다 오래 산 것
알렉산드로스가 33세, 예수가 33세에, 박인환이 30세였으니
그들보다 훨씬 오래 산 것
33세에 이유가 있고 내 친구 우철동씨에게 이유가 있고
내 친구에게 찾아오는 작별도 이유가 있고
브레히트는 58에 심장마비로 죽고
김소월이 32에 각기병+아편으로 죽고
"나는 언젠가부터 타인의 죽음으로 나이를 세기 시작했는데**"
1755년 리스본 대지진 때 죽은 사람들은 안 되고
2010년 아이티 대지진 때 죽은 사람들은 안 되고
어머니가 51세에 돌아가셨으니 안 되고
어머니가 첼란보다 한 살 더 살았으니 되고
1883에서 1924까지 산 카프카가 되고
폐결핵으로 죽은 카프카;
"나를 죽여줘, 그렇지 않으면 당신은 살인자야"
27에 폐결핵으로 죽은 李箱

이상이 14년 먼저 죽었군
올해가 이상이 태어난 지 100년

* 정대구, 「나의 친구 우철동씨」
** 한유주, 「자연사박물관」

더러운 순수

어린이가 천사가 아니라는 말
성기 항문 입이라는 말
아버지라는 말
아버지의 아버지라는 말
어머니가 순수하지 않은 것처럼

위대한, 순수하지 않은 순수
세상의 가장 안쪽을 붙들고 있는
더러운 순수다
하느님에게 나이가 없으니

누구든지 무슨 짓을 할 것이다, 정자 위에서 정자를 계승할 것이다

정자 위에서 검은 비둘기 한 마리가 산책하고 있다
삼일빌딩이 없는데 지하도 입구가 없는데
비둘기들이 없는데 신발가게들은 아직 불을 켜지 않고 있는데

검은 비둘기 한 마리가 산책하던 정자에서
한 사람이 쓰고 있다, 종이 위에
정자 위에 검은 비둘기 한 마리가 산책하고 있다고
삼일빌딩이 없는데 지하도 입구가 없는데
비둘기들이 없는데 신발가게들은 아직 불을 켜고 있지 않고 있는데

비둘기가 떠나간 뒤, 사람이 떠나간 뒤
누구든지 무슨 짓을 할 것이다, 정자 위에서 정자를 계승할 것이다
비둘기에서 사람으로 사람에서 나뭇잎, 나뭇잎처럼
머그잔 바닥에서 머그잔 위로 세균들이 스멀스멀 올라와
입술로 들어올 것이다

어디서 노랫소리 들렸으랴?

빛이 둥글다, 둥근 게 굴러간다
전체가 둥글다
빛을 잠그는 블랙홀이 너무 큰 개념이다
빛을 잠그는 무덤이 너무 큰 개념이다
작은 개념을 향해가는 빛
더 작은 개념이 드러난다
전체에 속하지 않는 빛이 전체를 드러내려고 한다
어디서 노랫소리 들렸으랴?
빛이 둥글게 굴러간다
전체가 둥글다

에너지 보존의 법칙

태양에 달그림자가 비출 때마다 한 시대가 건너오는 것을 느낀다
오차 없이 돌아가는 태양계 · 목성계의 풍미
고통의 종말 · 환희의 시작이다
종말에 동참하여 환희에 동참한다
법칙이 아름답다
법칙이 30만 킬로미터씩 전진한다
없어지지 않는 빛
뇌에 좋은 빛; 위와 장에 좋은 알로에
아들의 생일; 아들과의 아침식사에 동참한다
한 치의 오차 없이 돌아가는 점심
사라지는 태양
사라지는 태양에 동참한다
태양이 받는 것 없다고 하므로, 주기만 한다고 하므로
부끄러운 인류가 법칙을 만들어낸다구

나폴레옹이 환자였다

아침 약을 찢어서 옆에 있는 녀석에게 준다
쓰다고 불평하지만 사실 내가 먹어야 하는 약이다
내일 아침 약을 찢어 내가 먹는다

그가 아플지 모르는 일이다
밥을 나누어 먹은 것과 다른 건
의사 처방 없이 준 건, 열 명 중에 하나다
버락 후세인 오바마가 환자가 아니라고 한다
힐러리 클린턴이 환자가 아니라고 한다
나에게 약을 준 이수역 전문의가 환자라고 한다
서울여자대학교 박광자 총장이 환자가 아니라고 한다, 극동방
송에서

기형도가 환자가 아니었다
MBC 피디수첩 담당자들이 환자가 아니었다
검찰총장이 환자가 아니었다
어머니와 어머니의 오빠가 환자였다
보나파르트 나폴레옹이 환자였다

조용기 목사가 환자가 나을 수 있다고 하였다
나는 선택된 자다
인류는 선택된 사건이다

꿈자리를 고쳤다

꿈자리를 고쳤다
구질구질한 일평생이 아니라, 구질구질하지 않은 일평생으로

질척이지 않는 꿈으로
나는 죄가 없었다
꿈을 고치는 것이 이상한 일이 아니다

고치는 일이 이상한 것이 아니다
꿈을 고쳐 이득을 보려는 것이 아니다
구질구질하게 보이지 않으려는 것뿐이다

구질구질하게 살지 않으려는 것뿐이다 내게
태양의 빛을 향해 쏴라

내가 구질구질한 꿈을 꾸지 않게 되었다니

초의는 평생을 一枝庵에서 기거하며 도를 닦았다*

비밀은 예기치 않은 기쁨에 있는 것이 아닐까
예기치 않은 것에 있는 것이 아닐까
생각하는 사람을 보라
멸망이 멸망하지 않는다?
예기치 않은 기쁨이 멸망하지 않는다
예기치 않은 일들이 벌어지는 4월
4월은 5월을 기다리지 않는다
5월이 오면 5월이 온 줄 모른다
예기치 않은 기쁨을 기다리는 것
변심을 기다리는 것
변심하지 않는 코스는 코스가 아니다
예기치 않은 비밀을 기다린 기형도
예기치 않은 사태에 봉착한 최진실
5월은 4월을 기억하지 않는다
예기치 않은 기쁨인 줄 모른다

* 허영호의 「초의선사를 찾아서」에서

병아리가 다가왔다

서양 아이와 눈이 마주쳤다
머리가 금발, 노란 원피스
사람들이 지나는 중이었다
공항 대합실
온화한 미소를 짓고 있었다
오른쪽 배 아래쪽에 각인되었던 새벽녘
통증 때문일까
위 내시경 전문의가 위 상단에 보이는
폴립을 떼어내지 못했다
400미터 트랙을 달린 지 2년이 넘었다
배 위에서 손 흔드는 사람들
돌아올 수 없는 길을 떠난 다음 날,
잎사귀들이 은빛 햇살을 받아 반짝였다
서먹해하지 않는 사람들
병아리가 온화한 미소를 짓고 다가왔다
가야 할까 말아야 할까,
이미 소관이 아닌 줄 알면서

기둥이 썩고 있는 중이다

인류가 하늘을 받치고 있지 않다
썩고 있는 중이다, 기둥이
바닥을 받치고 있는 것이 아니었다
많이 걸었지만 홀로 가야 한다
가구들은 곧 하얀 천으로 덮이거나 바뀔 것이다
새로 입주한 종이 종 치는 순간
인류가 흔적을 남기지만
하늘에 덮인 것을 찾기 힘들다

토성 고리로 존재하기를 권한다

내가 왜 수협지점이 건대입구역 1번 출구에 있는 것을 알아야 하지?

다시 오지 못할 텐데

수협지점이 건대입구역 1번 출구에 있다는 것을 기억하려고 하던 시절이 있었을 텐데

현실사회주의라는 것

자유주의가 비틀거리고, 비틀거리며 가고 있다 비우량주택담보라는 신조어

현실사회주의를 어떻게 부르지?

비우량주택담보가 또 올 거지?

수협지점이 건대입구역 1번 출구에 있는 것을 기억해 둔 회원들

건대입구역 1번 출구에 수협지점이 있다는 것을 모를 리 없다

회원들이 안 모일 리 없다

아비여, 제 영혼을 아비 손에 맡깁니다; 2000년 된 소리

회원들의 희망, 건대입구역에 수협이 있다는 것을 기억해두는

사하라가 초원이 되고 있다고, 초원에 관목이 자라고 있다고

기뻐하는 사하라 아프리카인들

지구가 몸을 맡기나이다
동일한 것의 영원한 회귀가 터진 실스마리아
즐겁게 살라고 권한다; 즐겁게 사는 회원들
안산 아버지는 때가 되면 그만 살고 싶은 생각이 오는 걸
모르셨다 가슴 두근거리며 소멸을 방어하신다
나는 건대입구역에 있는 수협을 기억하려 하지 않는다
토성 고리를 외면하지 못하는 회원
세느강에 몸을 던진 회원들
예기치 않은 발견 전에 오는 소멸
소멸이 예기치 않은 기쁨을 기억하지 못하리
예기치 않은 기쁨을 기다리지 않은 적이 없어도
충분히 고전을 면치 못하였으니
토성 주변을 돌기를 원하지 않았으니
토성 고리로 존재하길

떠나가는 소

사람들이 나를 용서하고 내가 사람들을 용서하였으면
이보다 더 좋은 일이 있을까
구름을 걷는 일; 처음 보는 물체
처음 경과하는 물체; 비를 처음 맞는 것
아름다운 일이로다
가슴에서 북을 치는 일이로다
과거가 없었으니 미래가 없었으니
돌을 들추니 가재가 노닐더라
잃어버리고, 잃어버린 줄 모르는 나날
세상 말을 듣지 않으니 세상이 말을 듣지 않으니
떠나가는 소; 죽어가는 말*
잔디를 밟지 마시오
나는 이미 잔디를 감당할 수 없다
나는 北風이다

* 牛生馬死

나비를 보는 고통

별이 천장에 박혀 있다, 천장에서 노래, 노래 부른다
안이 텅 빈 천장
가장 안쪽이 존재하지 않는다
천장에도 중심이 없다
천장이 중심
별자리들이 중심, 나비가 중심, 철없이
하늘하늘 나는 나비

연습하지 않는 빛

빛이 대지의 몫이 아니라 하늘의 몫이다
하늘의 몫일 뿐 아니라 대지의 몫이기도 하다
대지의 몫도 아니고 하늘의 몫도 아니다
대지의 몫이거나 하늘의 몫이다 무슨 상관인가
한 번 가면 주욱 가는 빛
한 번 가면 주욱주욱 가는 빛
연습하지 않는 빛

칭찬 받을 만하다

열등한 자식들이 칭찬에 약하다 칭찬하면 어쩔 줄 모른다
칭찬 받을 만한 일을 하지 않았기 때문
칭찬 받을 만한 일이 아니라는 걸
가짜를 알기 때문이다
열등한 자식들; 가짜를 아는 자식들

노오란 모차르트

먹는 것을 좋아한다
플라스틱 통막걸리
삶은 달걀
불은 라면
서양 치즈
파프리카, 노오란
모차르트
또 좋아하는 것이
삶은 달걀이라는 메타포
삶이 달걀이라고 했다
대개, 브라운 껍질 흰자위 노른자위
복잡하지 않다는 것
삶이 모차르트가 가능하다는 것
노오란 모차르트

기계에 대한 관심

톱니바퀴가 돌아간다 기계들이 구성되었다
망가지니까 신비하다
스톱하지 않으니까 신비하다
막걸리 칠만 하는데 가끔 롯데소주를 칠한다
가끔 과부하를 거는데 기차가 갈 길을 간다
스무 개의 자유, 담배 한 갑에 있는?
10층 아파트를 굴러가는 톱니바퀴
넘어진 적이 있다; 더 높은 곳을 굴러가라
공장에 들어가기 쉽지 않다
교체 값이 더 듭니다; 교체해 달라고 한다
덕유산 향적봉에 다시 오르지 못한다
올려놓으라, 올려놓으라
한 날의 괴로움이 한 날로 족하니
부사가 먼저이고 홍옥이 나중이니
부사 네 쪽이 족하니

아아아아……

아아아아…… 라오콘은 詩에서 두 아들들과 큰 뱀에 휘감겨 죽으면서 "별에까지 들리도록 무서운 부르짖음을 울렸다"

아아아아…… 라오콘은 조각상에서 두 아들들과 큰 뱀에 휘감겨 있으면서 속으로 부르짖고 있다 입을 약간 벌리고

겉으로 아아아아…… 부르짖다가 잠잠해진 詩의 라오콘

속으로 아아아아…… 부르짖는 모습으로 여태까지 있는 바티칸 미술관의 라오콘

4차원과 3차원이라고 말하지만, 아아아아…… 아아아아……

누가, 누가, 누가 알리, 누가, 누가, 누가 4차원이고, 누가, 누가, 누가 3차원

속으로 부르짖는 상태로 바티칸 미술관에 있을지; 겉으로 부르짖다가 잠잠해질지

아아아아…… 아아아아…… 아아아아…… 아아아아…… 아아아아……

트로이 목마의 비밀을 누설하지 않으리

멸망시키리라

강바닥이 넓다 많은 것을 담고 있으리라
합류할 생각은 없다
나는 바닥으로 기어가는 거북이거나
거룻배를 빌린 사람이거나
날개가 큰 새

선택권이 없고 선택 받는다
거북이를 내심 바랬으나 새가 됐다
새로 넘어가는 것이다
거북이로 넘어가듯이 거룻배로 넘어가듯이
강 저편을 가본 적이 없다
강 저편에 가고 싶다
큰 날개를 가졌으니 틀림없으리라

진리에 대한 불안
진리를 보았을 때의 불안
반드시 멸망시키리라

영한사전

27년 전, 장롱 위에 거대한 개미 몇 마리가 어슬렁거리더니
며칠 후 아버지가 계단에서부터 통곡하며 들어오시더니
몇 달 후 어머니가 굶어 돌아가시더니
어제 아침 우황청심환을 마시고 한 숨 더 자는데
이불 아래쪽에 웅크리고 있는 거대한 거미 한 마리를 발견해
영한사전을 내리 던졌는데 빗나가고, 또 영한사전을 던졌는데 빗나가고
또 영한사전을 던졌는데 빗나가고, 또 영한사전을 던졌는데 빗나가고
결국 명중시켰는데, 거대한 거미는 散華하였는데
온 방에 그것의 파편이 튀었는데, 그 냄새가 진동하였는데
내 몸에서도 그 냄새가 진동하였는데
깨어나니까 온 데 간 데 없는 검은 색, 검은 냄새
내 왼손에 계속 영한사전을 쥐어준 이가 누구냐

하나 있는 영한사전, 지금 내 앞에 있는 영한사전을

영한사전이었을까, 여러 독일어사전을 놔두고,

영어가 고맙다, 영어가 운명이라니, 2009. 11. 18.

안녕하세요

왼쪽 어깨에는 가방이 있다
어느 봄날 태양이 가득 내리는 오후
빨랫줄마다 하얀 冊들이 한 장 한 장 넘겨지고 있었다
책들의 장례식이었다
하얀 색이었다 하얀 색들이 펄럭이고 있었다
이문열 선생의 경우와 다른 것은
아무도 기억하지 않는 백장미
어디서 읽어준 말이다
다른 마을이 조성된다면 여기가 아니리라
인간을 기록하지 않을 것이다
자유의 여신을 대서양 연안에서 발견하게 하지 않을 것이다
나보고 손짓했으므로(내 옆에는 아무도 없었다)
나는 들어갔다
가방 자국이 선명한 왼쪽 어깨
빨랫줄 자국 하나가 추가된다
듬성듬성 빨랫줄에 널려 있는 자들이 아는 체를 한다
(안녕하세요)
가방에서 빨랫줄로 가는 길, 기찻길 옆

인류

나오라고 하는 소리가 들렸다
한쪽 발이 걸려 그럴 수가 없었다
한쪽 발이 나갈 수 없는 것이리라
누가 나오라고 했을까 누구일까
나는 어떻게 되는 것일까
아무 소리가 들리지 않는다 그가 떠난 것일까
나는 어디에 있었던 것일까
지속가능한 퇴행이라는 말이 스쳐간다
얼마나 견딜 수 있는 것인가
틀림없이 나보고 한 소리, 나오라고 한 소리였다
그의 役이 거기에서 끝나지 않기를
지렛대로 쓸 만한 것을 찾는 중인가
정신이 점점 몽롱해질 것이다
세균들이 깊이 침투해 올 것이고
예기치 않은 일은 일어나지 않는다
편하게 잠들고 싶다고 한 예전의 소망이 이루어지지 않는다
누가 나오라고 했을까
그는 나의 한쪽 발이 걸리게 될 것을 알고 있었을까

나는 어머니를 버스에서 돌아가시게 했다
어머니는 나라는 것을 알고 계셨다

꿈같은 삶*

꿈같은 삶－오리지널
만 마리의 물고기들에 대한 만 마리 물고기들의 투쟁
물이 증발할 때까지라고 했다
증발할 때까지 소리치는 물고기들
돌아가면 꿈꾸지 않으리
돌아오지 못한 물고기들
가짜에서 진짜를 기록한다
가짜는 기록되지 않으리
가짜와 진짜는 기록되지 않으리

꿈같은 삶－오리지널
물이 증발할 때까지 소리치는 물고기들
어렴풋이 기억되는 잠간
돌아오지 못하는 물고기들
중요한 것은 진짜
중요하지 않은 진짜
돌아오지 못한 고기를 기록하는 가짜
중요하지 않은 가짜

* 실체와 실체를 보는 가짜가 있다. '실체를 보는 가짜' 이므로 가짜는 '큰 가짜' 다. 큰 가짜가 실체를 기록하지만 큰 가짜 역시 –(작은) 가짜와 마찬가지로–가짜이므로 사실 기록되는 것이 아니다. 실체는 사라진다. 사라지는 것을 실체라 할 수 없다. 실체가 사라지는 순간 '가짜' 라는 말이 사라진다.

화장실에서 노래하는 자들

화장실 바닥에 널려 있는 수많은 구두들
수박들 히브리노예의 합창들
누가 나를 애도한다는 말인가
우울해 본 적 없는 수박들
나의 바디에 손대지 마라
누구도 눈 마주치지 마라

화장실에 널려 있는 수많은 구두들아
깡통에 물을 따라 마신 적이 있었지
한 번도 우울해 본 적 없는 수박들아
너희를 위해 히브리노예들 합창을 불러
잔혹함에 대해 알게 하라
잔혹함을 빛나게 하라

노란 열차들

노란 열차들은 고장이 났는가
아니다 외곽이 우그러졌을 뿐이다
본 열차에서 떨어져 나갔다
앞 열차에는 누가 타고 있었을까
노란 열차에는 누가 타고 있었을까
노란 치즈 노란 파프리카 노란 라면 노란 막걸리
노란 볼프강 아마데우스 모차르트
노란 열차에 타고 있었을까
버린 것은 앞 열차인가 노란 열차인가
아마추어가 떨어져나간 것인가
일이 이인가 이가 일인가
프로가 떨어져나간 것인가
떨어져나간 노란 것이 병이었다면
병아리 모습을 한 죽음이었다면

동쪽으로 크게 길을 잃고 끝내는 것이다

오른쪽으로는 사라지는 것이고
왼쪽으로는 집에 돌아가는 것이다
집에 돌아가고 싶지만 돛은 이미 서풍을 맞고 있다
집에 돌아가고 싶지 않은 것이다
책들, 켜켜이 먼지를 뒤집어쓰고 있는 곳
읽힌 자도 읽은 자도 이미 망자가 된 곳
대관절 누가 기다려주지 않는 곳에 가려 한다는 말인가
기다려주지 않은 시간에 가려고 한다는 말인가
참을성 많은 오디세우스를 만든 자는 기원전 8세기 인간
문학의 주요 덕목을 말한 자는 기원전 4세기 인간
있을 수 없는 일에 마음 빼앗기고 싶지 않다
동쪽으로 간다 뒤가 없는 곳
기억나지 않는 것이 사라지지 않는 것이 아니라
사라진 것을 잊는 것이다
동쪽에서 크게 길을 잃고 끝내는 것이다

과거시험

크리스마스 근처에서 그곳 사람들의 표정이 밝아진다
예수가 크리스마스에 태어나지 않았다면
긴 겨울을 어떻게 보냈을까

사과나무 가지들은 뒤틀려 있는 걸까
사과알이 비밀이라고 말해도 괜찮다
인류가 비밀이라고 해도 괜찮다
많은 비밀들

예수는 말구유에서 태어난 걸까
과거에 급제하신 걸까
너무 많이 노출되는 비밀들

과거시험에 합격하게 되어 있었을까
과거시험에 떨어지신 걸까

기억의 忌日이 궁금하다

신의 忌日이 궁금하다/궁금하지 않다
신의 忌日이 없게 되기를 바란다
최종적 기억이 유지되기를 바란다
최종적 기억이 나와 상관있기를 바란다
최종적 기억이 인류와 상관있기를 바란다

신의 忌日이 궁금하다
기억의 忌日이 궁금하다

忌日

태양이 태양을 기억하지 않는다
1984년 양력 2월 15일이 기억하지 않는다
동일한 것의 영원한 회귀를 말한 서양인
그 자가 이탈리아 토리노에서
하필이면 말을 부둥켜안고 쓰러졌다
동일한 태양, 동일한 1984년 양력 2월 15일

태양의 忌日이 궁금하다

지구자리 하느님

지구가 사라지니 하느님이 올 데가 없으시다
공간이 하느님이다
하늘이 생각난다 구름이 생각난다
존재하는 것이 하느님이다
손을 쑥 넣으라
틀림없이 하느님이 거기에 계신다

어느 날 지구가 사라졌기에 하는 말이다

내가 왜 밥을 먹어야 하지요

A: 내가 왜 밥을 먹어야 하지요?
B: 때가 됐으니까
5호선 종로3가역 5번 출구
3호선 종로3가역 5번 출구
1호선 종로3가역 5번 출구
파고다공원 뒤 낙원상가
A: 내가 왜 밥을 먹어야 하나요?
B: 때가 됐으니까
다음은 종로3가역 종로3가역 내리실 문은 왼쪽입니다
A: 내가 왜 밥을 먹어야 하나요?
B: 때가 됐으니까
A: 내가 왜 밥을 먹어야 하나요?
B: 때가 됐어요
다음은 종로3가역 종로3가역 내리실 문은 왼쪽입니다
A: 내가 왜 밥을 먹어야 하지요?

一字 관에 갇힌 一字 자세

머리가 긴 여성이 관에 눕는다, 흑단의 머리
호기심을 잃지 않은, 영원한 죽음을 잃지 않은
머리털 한 올 한 올, 오일이 찰랑찰랑하다
관에서 빛을 뿜는 영원한 욕정
누운 자세가 가장 욕정답다
'一字 관에 갇힌 一字 자세가 욕정답다'

절정이 누워 있을 때라고 一字 방이 속삭인다
한 발짝도 나갈 수 없을 때라고 一字 이부자리가 가리킨다

一字 방에 갇힌 흑발의 여성; 들어오세요,
들어오세요, 이루지 못하는 것이 영원한 것,
영원히 들어오라고, 영원히 들어오라고,

이루어지지 않는 것이 영원하다 한다

천장에 '이루어지지 않는 것이 영원하다' 가 박힌다
영원을 잊지 않는다, 天井이

무한천공

파란 바바리코트를 입은 人間이 10층 아파트 창문에 끼었다
실패한 것이다 순간, 창문이 닫힌 것이다
아파트 옥상에서 머리를 끌어당기는 것 같았다 나는 다리를 끌어당겼다
편하게 죽여주지 못하고 있다 나는 다리에서 손을 뺐다
파란색 바바리코트를 입은 인간이 아파트 창문을 나갔다
머리를 끌어당기는 쪽에서 편하게 죽여주실지 모른다
창문을 닫은 자, 창문을 닫은 자가 데려갔다

생각나지 않길 바란다; 생각나길 바란다

칸이 촘촘한 DAKS 가방; 둘째 칸에서 투명한 비닐봉지가 나왔다; 물고기와 물이 들어있는 비닐봉지가 나왔다 둘째 칸에서 나온 것이 더 있었는데 나오자마자 없어졌다 나중에 생각나길 바란다 물고기들은 얇게 살아있었다

첫째 칸에는 합평용 시들이 있었다 '강남역' 이라는 제목이 보였다 셋째 칸에도 합평용 시들이 있었다 황동규의 「무이산 문수암」과 김춘수의 「처용단장」과 함께 넷째 칸에는 글쓰기 자료들이 있었다 one idea, one sentence를 실증하는 조용헌 칼럼들 오스카 와일드의 『도리언 그레이의 초상』, 박찬일의 『시를 말하다』 본디오 빌라도에 대한 김성렬의 글

『사도신경』은 『반야심경』보다 더 짧다. "본디오 빌라도에게 고난을 받으사 십자가에 못박혀 죽으시고"가 문제의식을 발생시킬 수 있다 글쓰기는 문제의식에서 출발한다고 본디오 빌라도는 예수를 살리려고 했다; 본디오 빌라도는 예수에게 십자가형을 언도하여 2000년 동안 가장 많이 욕을 먹은 자의 반열에 올랐다; 경전은 경전; 『반야심경』의 "색즉시공 공즉시색"이 해석된다; 사도신경이 해석된다;

얇게 살아있는 것들; 사도신경 말고 반야심경 말고, 시 말고,

오스카와일드 말고, one idea, one sentence 말고, 둘째 칸에서 나온 것이 더 있는데 생각나지 않는다 생각나지 않는 것은 정말 사라지지 않는 걸까

비극으로 끝날 줄 알았는데 喜劇이다

약병에서 검고 납작한 젤리 같은 것
젤리보다 딱딱한 것이
손바닥으로 자리를 옮기고 있다 약병에서 손바닥으로 이동
손바닥에서 입으로 이동
약병은 정로환 병 두 개쯤 된다
약병, 비워지거나 버려지는 법
무슨 약인지 모르고 먹는 것은 좋지 않은 일
좋지 않은 일이 일어난다
젤리보다 딱딱한 것이 손바닥에서 입안으로 자리를 옮긴다

젤리 안녕! 입안이 약병에게 인사를 한다, 젤리 안녕!

편안하다, 마음이 젤리에게 인사를 한다

돌아보지 마라, 運이니, 命이니
수많은 나날들 젤리 없이 보냈지

비극으로 끝날 줄 알았는데 喜劇이다

끌려 다니길 권한다, 喜劇이다
환율이 대체로 천이백에서 움직인다
부동산이 많이 올랐다

머리가 사라져야 사라지는 法則

물 한 방울들의 적의; 물은 사라지지만 적의가 사라지지 않는다

그림자가 사라지지 않는 法則

등으로 머리를 감는 날 → 황소 뒤꿈치 → 쇼가 계속되어야 하는 날

등 뒤에서 움직이는 불빛; 불빛이 사라지지 않은 法則

머리가 사라져야 사라져야 하는 法則

등에서 시작하는 적의; 집안 가득 떠다니는 殺意

머리를 중단하지 않는다; 등을 지고 물을 바라보는 일

물 한 방울들의 적의; 물은 사라지지만 적의가 사라지지 않는다

등에서 솟아오르는 물; 등에서 물이 계속 흘러야 하는 法則

머리가 중단하지 않는 法則; 法則이 사라지지 않는다

어린 동상

어린 동상이 나에게 손을 벌리고 있다
살아있는 것이라면 나는 질질 끌려가는 것이 된다
가슴을 바닥에 걸치고 눈물을 뚝뚝 흘리는 소
노란 어린 동상이 아니라서 다행이다
소멸이 노랑과 동행한다
노랑 속으로 들어간 자들이 돌아오지 못했다
하늘을 올려다본 사이 어린 동상이 사라졌다
몸 밖에 없다면 몸 안에 있는 걸까

오래오래 동행해도 사는 것이다
오래오래 동행하길 바라는 수밖에 없다
문제는 푸른 하늘이 아니라는 것,
푸른 물줄기가 아니라는 것

노란 동상이 아니라서 여전히 다행이다

희망의 원칙

내 안경이 탁자 위에 놓여 있다
눈께를 만져 보니
내가 안경을 쓰고 있었다
안경을 만든 김에 하나를 더 만든 것이다
안경이 두 개라고 안 될 리 없다
어느 안경을 써도 다르지 않다
나는 박찬일을 싫어한다
안경을 쓰면 박찬일이 달라진다
어느 안경을 써도 박찬일이 달라진다
내일 모레 글피 예정적으로 달라진다
나는 박찬일을 싫어한다
나날이 달라지는 것은 기쁜 일이다
안경이 하나 더 있는 것은 고마운 일이다
안경을 완전히 벗는 날이 올 것이다
새로운 인간을 받으라

기억나지 않는 언어가 사라지지 않는다

산소 위를 넓게 선회하고 있다
(사라지고 없는 산소)
사라지고 없어져버릴 산소들

기억 속에 가까스로 존재하는 산소
기억 속에서도 사라져버릴 산소들
산소 위를 넓게 선회하는 것은
사라지고 없는 산소와 같다
기억 속에 존재하는 산소 위에서 빙빙 선회하는 것
산소 위를 넓게 선회하는 언어
기억나지 않는 언어가 사라지지 않는다

기억나지 않는 언어가 사라지지 않는다

무덤 위를 넓게 선회하고 있다
(사라지고 없는 무덤)
사라지고 없어져버릴 무덤들

기억 속에 가까스로 존재하는 무덤
기억 속에서도 사라져버릴 무덤들
무덤 위를 넓게 선회하는 것은
사라지고 없는 무덤과 같다
기억 속에 존재하는 무덤 위에서 빙빙 선회하는 것
무덤 위를 넓게 선회하는 언어
기억나지 않는 언어가 사라지지 않는다

나는 동정한다, 나는 존재한다

간신히 살고 있는 사람들
누이로부터 콩팥 하나 췌장 일부를 기증 받아
간신히 살고 있는 사람에서 벗어난 사람
간신히 살아온 사람들이 본다
여기까지 온 것만도 기적이야
(간신히 살지 않은 사람들)
간신히 살지 않은 사람들의 기적을 본다

여기까지 온 것만이 기적이야 설마 몇 번도 울지 않았을라구
몇 번과 몇 백 몇 천의 차이
나는 무엇을 할 수 있는가, 나는 무엇을 해야만 하는가
쾨니히스베르크를 떠난 적 없는 사람
밤하늘의 별자리를 따라간 사람
나는 무엇을 할 수 있는가, 나는 무엇을 해야만 하는가?
여기까지 온 것만이 기적이야
어떤 일이 벌어졌을까 간신히 살지 않았다면
어떤 일이 벌어질 수 있을까 간신히 살지 않을 수 있다면

간신히 살고 싶지 않다고 간신히 살지 않을 수 없는 일
어머니가 아버지를 만났으니까
간신히 살아온 세월을 지울 수 없는 일
동정하지 않을 수 없는 일
너는 동정한다 고로 너는 존재한다

태어나지 않았다면, 죽었다면, 인류를 본다

존재와 무

그를 만지는 순간 그가 내게로 와서 꽃이 되었다
그를 만졌을 때 그가 내게로 와서 꽃이 된 것처럼
누가 나를 만져다오
나도 그에게로 가서 꽃이 되고 싶다
그가 나를 만지기 전에 나는 아무것도 아니었다

마른 빵에 핀 곰팡이 벽에다 누고 또 눈 지린 오줌 자국 아직도 구더기에 뒤덮인 천 년 전에 죽은 시체

누가 나를 정성껏 만져다오
나도 그에게로 가서 정성껏 꽃이 되고 싶다
내가 그를 정성껏 만져주었을 때
그가 내게로 와서 꽃이 된 것처럼
우리들 모두 (정성껏) 꽃이 되고 싶다
잠깐 동안이더라도 잊혀지지 않는 의미이고 싶다
간절한 색깔과 간절한 이름이고 싶다

①+②+③+④+⑤

개 이빨이 나의 손가락을 물었다
이빨을 빼내는 데 성공했다

나가는 길을 찾지 못하고 들어온 길을 찾지 못할 때가 있었다
기다려야 할 때가 있었다
은총만 반짝거릴 때가 있었다.

빌어먹을 마늘
마늘을 먹으면 어머니가 안 되나
어머니 대신 몹쓸 병에 걸려
죽으면 안 되나

분하고 억울한 일을 써도 될까
두통
아프리카에 가 있지 못했다
어머니를 집에서 임종시키지 못했다
어머니를 집에서 임종시키지 못한 것이 제일 크다

흙이 될 몸이 흙에 대해 품는 육감적 공감
이라고 호손이 썼다

인간과 인간 사이에 인간이 있다, 신비스럽다

인간과 인간 사이를 가로질러 가는 바람,
손이 들어갔다 나온다
똑같은 구조물, 피범벅이다
똑같은 구조물, 네 발로 걸어간다, 식도를 통하는 물
다시 웃자란 나뭇잎, 신비스러운 거 하나.
살아있는 인간, 아프리카에서 유라시아로 아메리카로
똑같은 구조물 그대로, 신비스러운 거 둘
한 손으로 악수하거나 두 손으로 악수한다
인간이 인간을 거슬리거나 淸掃한다,
인간이 틀림없다, 신비스러운 거 셋
인간과 인간 사이에 몸이 있다, 잠정적,
계단에서 넘어진다, 신비스러운 거 넷,
돌아오지 않는 보도블록, 보도블록에 흘린 커피
(돌아오지 않는다, 신비스러운 거 다섯)
잠간 비틀거리다가 뒤돌아보지 않는다
인간과 인간 사이에 강심장이 있다, (돌아온 인간이 없다,) 신비스러운 거 다섯
아주 사라진다, 신비스러운 거 여섯

돌아오지 않는 성자까지 합치면
신비스러운 거 일곱, 신이 자리를 옮기지 않는다,
신비스러운 거 여덟, 혈액이 빨간 색이다,
인간과 인간 사이에 인간이 있다, 신비스러운 거 아홉
인간이 인간을 낳는다, (신비스러운 거 열)

아버지 냄새

어머니 오줌 냄새를 기억하는 자다
어머니 오줌 냄새는 진했다
색깔도 진했다
어머니가 소변기 물을 내리지 않은 이유를
여러 가지로 짐작할 뿐이다
마들렌으로 어머니를 기억하지 않는 나를
어머니는 용서하시라
어머니는 마지막에 일회용 기저귀를 이용하셨다
나는 일회용 기저귀를 갈아드렸다
어머니의 오줌 냄새가 기억나는 것은
어머니와 내가 친했다는 거다
요즘에 부쩍 어머니 오줌 냄새가 기억나는 것은
살아 있는 아버지 때문이다
아버지 냄새가 없다
흔한 막걸리 냄새가 없다

가장 좋은 기쁨이 존재해 올 것이다

대 기쁨은 가장 좋은 기쁨이 아니다
대 기쁨은 존재해 올 것이다
존재해 올 대 기쁨
어리석은 습관으로 놓치지 않기를 바랄 뿐이다
어리석은 습관으로 놓친 대 기쁨들

대 기쁨을 합하면 한 드럼통은 될 것이다

구릿빛 육체

침대를 가로질러 엎드려 있는 바디
아무 것 걸치지 않은 바디
누구 침대였을까
날씬하고 적당하게 그을린 바디
내 바디가 아니므로 바디가 아닐 확률이 높다
나 말고 누가 바디가 된다는 말인가
뚱뚱한 하얀 바디가 엎드려 있는 거라면 모를까
적당하게 그을린 바디가 내 바디라면 모를까

구릿빛 바디가 내 미래
나, 胎中

2010년

2010년 – 54년 = 1956년
1956년에 벤과 브레히트가 죽었다
1910년에 이상이 태어났다
1886년에 『차라투스트라』가 완성되었고
1883년 카프카가 탄생하였다
1831년 헤겔이, 1832년 괴테가 죽었고
1789년 프랑스에서 혁명이 있었고

1492년 콜럼버스가 아메리카에 상륙하였고
1517년 루터가 비텐베르크 성당문에 95개 조항을 걸었다
1609년 갈릴레이와 케플러가 중요한 일을 해냈다
오래된 것이 아니다
4년에 예수가 태어나셨도다
BC 4세기 아리스토텔레스가 살았고
BC 8세기 호메로스가 살았다
서양학교에서 배운 것들
오래된 것들이 아니다
내 친구 우철동씨가 100년을 산다면

타자, 누운 → 소멸의 절정

쉽볼렛, 사사기 12장, 통과해가는, 데리다, 통과
코카서스의 백묵원, 맞바람, 몸에 해로운 기차바람
문명이 지나간 후, 종의 기원이 지나간 후
아프리카가 맨 나중 지나가고, 황인이 지나가고
통과해가는 맞바람; 세레나데, 심포니, 디베르티멘토,
콘세르토, 10층 베란다에서 멀쩡히 내려다보는 K · 550
심포니 40번, 타자 → 소멸의 절정

일주일에 두 번 술 마시는 사람들

무생물로 돌아가기는 쉬운 일
무생물에서 돌아오기는 불가능한 일
무생물로 돌아가는 척하는 사람들
일주일에 두 번 술 마시는 사람들
생물로 살아가기는 두려운 일
무생물로 살아가는 것은 두려운 일

'디오니소스적' 만으로 살기도 두려운 일
일주일에 두 번 술 마시는 사람들

술을 마시지 않는 사람들
생물로 살까 무생물로 살까
두려워하지 않는 사람들
술을 마시지 않는 사람들이 많다

술을 마시지 않는 사람들이 측은하다
술을 마시는 사람들이 측은하다
측은하지 않은 사람들이 드물다
제대로 사는 사람들이 드물다

엘리베이터

휠체어를 엘리베이터에 밀어 넣어준다
밀어 넣어준 자와 휠체어가 엘리베이터에 있다
엘리베이터가 잠시 숙명이 된다
내가 휠체어를 쳐다보고
휠체어가 나를 쳐다본다
엘리베이터가 멎을 때마다
휠체어를 바라보고
휠체어가 나를 바라본다
나와 휠체어가 어떻게 될 것인가

체어맨 리무진 택시

다섯 번째 얼굴이 신문 왼쪽 상단을 차지했다
시인의 죽음을 하루 상관으로 連이어
박스처리 한다, 검은 테두리 — 오래된 신문

두 대밖에 없는 리무진택시를 타고 간 후 暗매장된 시인
다섯 번째 시인이 중장이 긴 시조를 썼다
상복을 입은 시인들, 흰색 검은색 마당
내일모레 누가 신문 왼쪽 상단을 차지할지
시인의 죽음을 계속할지, 詩人만 죽을지

시인의 죽음을 박스처리 하는 — 오래된 新聞들
오래된 시인들, 검은 테두리들

나보기가 역겨울 때에는 떠나리
체어맨 리무진 택시를 타리
죽어도 아니 눈물 흘리리

| 해설 |

무한을 향한 극명과 소멸

—태어나지 않았다면, 죽었다면, 인류를 본다(「나는 동정한다, 나는 존재한다」에서)

최준(시인)

이 시대의 명민한 문학평론가 김석준은 "박찬일 시세계의 본질"이라는 부제로 쓴 자신의 저서에다 "상징에의 저항"이라는 제목을 붙였다. 박찬일 시의 연구서인 셈인데, 그 내용은 차치하고서라도 우선 책의 이름이 의미심장하다. "상징"이 주는 관념적 모호성과 "저항"이라는 역동적인 몸짓은 무언가 모순된, 불일치와 불합리와 없는 대상에 대한 반역의 의미로 받아들여지기 때문이다. 풀이하자면 불가능이나 불가항력에 반항하는 불가시적인 몸부림이라 할 수도 있을 이 낭만적이지 못한 언표는 박찬일 시인의 시가 우리 삶의 정서적 영역 안에서만 옹송그려 있지 않다는 의미로도 읽힌다. 접근하기가 쉽지 않을 것이라는 경고이기도 하다. '지금 여기' 뿐만이 아니라 '이전과 이후'를 언급하고 있다는 뜻이다. 김석준 식으로 말하면 "상징은 절대로 건널 수 없는 지점에 위치해 있다"는 것이다.

그의 이 말은 박찬일 시인의 시가 우리의 삶과, 삶 이전과 죽음 이후, 실존과 관념을 아우르고 있다는 사실을 암시한다. 위의 저서에서 김석준은 박찬일 시인의 시적 궤적을 촘촘한 보폭으로 답보하면서 시인의 시적 지향점이 어디인가를 집요하게 추적해 나아가지만 그 자신이 토로하듯이 그 일은 애초부터 "불가능한" 노력이 될 공산이 크다. 왜? 우리는 '이전'과 '이후'를 알지 못하며 단지 오늘을 살아가는 현존재들에 지나지 않기 때문이다. 박찬일 시인의 시를 읽으면 삶이 생성하는 절망과 소멸에 대한 공포를 느끼게 되고 전율하게 되는데, 이는 희망에의 거대한 역설로도 해석이 가능하겠다.

한 시인의 시에 대한 전제된 지식은 때로 그 시인의 새로운 시에 대한 감상을 불편하게 하고 방해하기도 한다. 그러나 박찬일 시인의 새 시집 『인류』를 일별하고 나니, 알량하지만 시인의 시에 관한 전제된 지식으로부터 출발하지 않을 도리가 없겠다는 나름의 결론과 마주하게 된다. 시인의 시세계는 모종의 기획된

일관성 위에서 지속되고 있고, 이 지속성의 연장선상에 시집 『인류』가 놓여 있다고 여겨지기 때문이다. 그리고 어둡다. 삶에 대한, 삶의 외부에 대한 부정성으로 일관된, '인류' 밖의 어둠이 아닌 '인류' 내부의 어둠 말이다.

기실 인간은 모두가 눈 먼 자들이다. 인간의 눈은 너무 작은 것을 볼 수 없고 너무 큰 것도 볼 수 없다. 그래서 인간은 볼 수 있는 것만 보며 살아오는 동안 무수히 많은 것들을 만들어내었다. 그걸 뭉뚱그려 말하자면 문명이고, 그 출발점이 바로 상상력이라 할 수 있겠는데, 이 상상력의 극점에 있는 존재가 신(하느님)이라 말한다면 신의 이름으로 비난 받을까. 신을 만들고 신을 의지하고 신봉하며 살았던 존재. 살아가고 있고, 살아갈 존재들—그 불행이 눈물겹도록 가련하다. 박찬일 시인의 시집 『인류』를 이루고 있는 시를 읽는 동안 내내 떠나지 않은 생각이다.

인류의 삶과 죽음으로 이루어져 있는 이 무수한 적층의 상부와 하부, 저 위와 아래, 처음 이전의 처음과 끝 이후의 끝은 무엇이고 어디인가. 지상의 많은 시들이 시의 이름으로 단층적이며 수평적인 층위를 이루고 있는 데 반해 박찬일 시인의 시는 수직적이다. x축 위에 있는 게 아니라 y축 위에서 움직이고 있다. 원점에서 쳐다보면 극명의 높이에 대해 말하고 있고, 내려다보면 무한의 깊이에 대해 말하고 있다. 많은 변곡점을 지닌 이 고차방정식을 풀어내는 일은 어렵기 그지없는데, 어쩌면 답이 무수히 많아서 답을 내기 어렵고, 어쩌면 답이 없어서 더 난해할지도 모른다. 풀이의 과정을 세세하게 기록하는 일 또한 난감한 노릇이지만, 시인의 전언에 따르면 다행하게도 "인류"의 영역 안에 그 변수가 존재하는 것만은 확실해 보인다. 여기에 무언가 실마리가 있을 듯도 하다. 알고 보면 "인류"라는 말 자체가 수평적이 아닌 수직선상에 놓여 있지 않은가. 생을 변수로 시간과 역사의 무수한 변곡점을 이루고 있지 않은가. 오해와 오독의 소지를 질펀하게 늘어놓고서 말이다.

> 쳐다보는 눈이 없다
> 아니, 눈이 없도다
> 눈 없는 곳에 비가 오도다
> 세상 안에 비가 오도다
> 세상 바깥에 오는 비를 보았으면
> 비라고 할 수 없는 비
> 눈 없는 곳에 비가 오도다
> 비라고 할 수 없는 곳
> 숨죽이며 비가 오도다

—「눈 없는 곳에 비가 오도다」 전문

인류의 멸망 이후를 이야기하고 있는 위의 시가 시집의 앞자리에 놓여 있다는 것을 어떻게 이해해야 할까. 시인은 인류의 미래를 예견하고 있는 것일까. 아니면 기우이거나 걱정일까. 하지만 최소한 당대의 멸망은 없다. 시인은 당대 이후에 대해 얘기한다. 시집을 구조적으로 살펴보면 시인은 결론을 앞에다 놓아두고서 이를 풀어나가는 귀납법적 형식을 취하고 있다. 부존과 소멸을 전제하고 이를 향해 나아가고 있는 인류를 말하고자 함이다. 이는 시집이 극한 상승과 하강의 수직적 구조물이 될 수밖에 없는 이유이기도 한데, 생성과 소멸을 현재의 시선으로 예견하는 일은 견자의 시선이 아니면 불가능하다. 지식과 이성으로는 설명이 불가능한 지점에 시인의 시가 놓여 있다.

"쳐다보는 눈이 없"는 곳이란 어떤 곳인가. 존재의 소멸이다. 시집 속의 시들을 참고해 이를 유추해 기입하면 "인류"의 소멸이다. 멸망이다. 우리들 자신이 인류에 속해 있지만 누가 인류를 탄생시켰고 살게 하다가 멸망하게 하는지를 아는 이는 아무도 없다. 단지 시인의 말대로라면 인류의 멸망 이후에도 비는 내리리라는 것, 인류가 존재하지 않으니 그것을 두고 "비라고 할 수 없"지만 아무튼 비는 온다는 것. 시인은 이 세계의 종말보다 먼저 인류의 멸망이 있으리라는 것이다. 그리고 우리는 "세상 바깥"을 끝내 모르므로 "세상 바깥에 오는 비를" "비라고 할 수 없"다. 멸망 이후의 우리는 "눈"이 없으므로 "세상 바깥에 오는 비"를 보지 못한다. 그러면 "눈이 없"는 영혼은 존재하는가. 인류의 멸망을 예견하는 예언자적인 입장을 견지하는 시인의 눈은 탄생 이전과 멸망 이후를 아우른다.

선택권이 없고 선택 받는다
거북이를 내심 바랬으나 새가 됐다
새로 넘어가는 것이다
거북이로 넘어가듯이 거룻배로 넘어가듯이
강 저편을 가본 적이 없다
강 저편에 가고 싶다
큰 날개를 가졌으니 틀림없으리라

진리에 대한 불안
진리를 보았을 때의 불안
반드시 멸망시키리라

―「멸망시키리라」 부분

그 누구도 자신이 원해서 태어난 이는 없다. 태어남에 대한 선택권이 없을 뿐만 아니라 무엇으로 태어나느냐 하는 선택권은 더더욱 없다. 태어난 우리는 그러므로 "선택 받"은 것이다. 단지 그렇게 태어났을 뿐이다. "거북이를 내심 바랬으나 새가 됐다". 새로 태어났으니 이 세계를 "날개" 가진 새로 살아가다가 이 세계를 "새로 넘어"갈 수밖에 없다. 이것은 말하자면 숙명에 해당한다. 이승에서 살고 있는 우리는 강 건너의 세계를 볼 수 없고, 강 건너에 존재하고 있을 진리에 대해 알 수 없다. 강 건너에 대한 불안은 그래서 생긴다. 상징의 발현이다. 종교의 시원이 그렇지 않을까. 선택받은 자에 지나지 않는 우리가 강 건너에서 어찌 될지, 무엇을 보게 될지 어떻게 알겠는가. 살아 있는 동안 우리는 강 건너의 "진리를 보았을 때의 불안"을 내내 지니고 살아갈 수밖에 없다. 그런데 "반드시 멸망시키리라"는 무엇을 멸망시킨다는 것일까? 나름 유추해보면 그것은 "진리에 대한 불안"을 멸망시키는 것이고 "진리를 보았을 때의 불안"도 멸망시키는 것이다. 그러나 이러한 멸망은 멸망 이후에나 가능한 일이다. 우리는 아직 멸망 이전을 살고 있다. 그러니 내내 불안할 수밖에 없다. 멸망에 대해, 멸망 이후에 대해 '상징'에 의지할 수밖에 없다.

푸른색 공기 푸른 대지들 푸른 냄새
테두리만 남은 푸른 태양
그림자가 집안까지 들어오는 때
최종 판단을 기다려야 한다
일어날 것인가 누워서 맞을 것인가
네안데르탈을 멸문한 호모 사피엔스 사피엔스
호모 사피엔스 사피엔스를 멸문하는 것을

—「호모 사피엔스 사피엔스」 일부

시인의 전언대로라면 현생인류인 호모 사피엔스 사피엔스는 언젠가는 (반드시) 멸망한다. 시인은 이를 인류사에서 찾아낸다. y축을 거슬러 올라 "네안데르탈인"의 멸망과 만난다. 네안데르탈인을 멸망시킨 현생인류에 대해 말하면서 이를 인과의 법칙으로 설명한다. 이 지점에서 시인은 "최종 판단을 기다려야 한다"고 멸망의 순간을 슬쩍 비껴간다. 왜인가? 멸망은 미래의 일이므로, 네안데르탈인들의 최후가 그러했듯이 우리도 이떠한 새로운 종의 출현으로 멸망할 것이므로, 지금은 그렇게 유추할 수밖에 없다. 우리는 우리의 멸망의 순간을 알 수 없다. 단지 멸망할 것만을 알고 있다. 그래서 불안한 것이다. 그 불안은 멸망 이전에는 확인할 수 없는 것이기에 단지 불안할 뿐인 것이다. "일어날 것인가 누워서 맞을 것인가"에 대해 끊임없이 고민하며 살아갈 뿐인 것이다. 어떤 현자도 견자도 이를 알 수 없기에, 아무도 진리의 수호자가 되기를 원하지 않는 시대에 살고 있기에 우리는 멸망의 진리가 있기나 한 것인가 의심하며 산다. 시인은 이러한 불안이 인류가 신(하느님)의 존재를 믿게 하는 것이라고 말한다. 우리들 인류보다 전지하며 전능한 신(하느님), 생사여탈권을 쥐고 있는 신. 우리는 결국 멸망하는 것이 아니라 멸망당하는 것이다.

> "인간이란 종이 고정된 것도 영원한 것도 아니다"는 오래된 소식
>
> 인류가 기록될 것인가
>
> 인류가 스스로 기록하고 있다 하더라도
>
> 기록된 인류를 다시 기록하는 종이 있을 것인가

네안데르탈인을 돌칼로 발라먹었다는 현생인류
우리를 잡아먹는 종이 기록하는 종이 되어갈 것인가
네안데르탈인이 기록하지 못했듯이
디노사우르가 기록하지 못했듯이
인류가 잊혀지게 될 것인가

—「인류에 대한 관심 1」 부분

그러면 인류의 멸망은 기록될 것인가. 시인은 묻는다. "기록된 인류를 다시 기록하는 종이 있을 것인가", "우리를 잡아먹는 종이 기록하는 종이 되어갈 것인가" 하고. 아무려나 시인은 인류 멸망에 대한 기록의 유무에 관심을 크게 두고 있지는 않은 듯하다. 우리는 멸망 이후에 멸망의 기록이 남아 있게 될 것인지 아닌지도 모른다. 기록이 없더라도 상관없고 있더라도 상관없다. 우리가 태어날 때 그러했듯이 멸망과 그 이후 또한 우리의 몫이 아니며 우리의 책임도 아니기 때문이다. 시인이 가지고 있는 것은 오로지 "인류에 대한 관심"일 뿐이다. 이 관심이 다만 인류의 멸망으로 이어져 있을 따름이다. 시인은 과학자가 아니므로 이를 과학적으로 설명하지 않는다. 시인은 과학적 설명이야말로 위험한 것이 아니겠느냐고 생각하고 있다. 과학자들마저도 자신들이 모르는 미지의 영역은 신의 영역으로 설정해놓고 있기 때문이다. '상징'은 지금 여기에 있지 않고 영원히 '너머'에 존재하는(존재한다고 믿는) 것이기 때문이다. 이럴 때 '너머'는 현생인류가 생존하고 있는 시간과 공간의 외부이다.

예수는 말구유에서 태어난 걸까
과거에 급제하신 걸까
너무 많이 노출되는 비밀들

과거시험에 합격하게 되어 있었을까
과거시험에 떨어지신 걸까

—「과거시험」 부분

성경은 태초부터 세계의 멸망 이후까지를 언급해 놓고 있다. 볼 수 없고 경험할 수 없는 천상의 세계를 지상에 내려놓고 펼쳐 보여주고 있다. 그 구도는 천상—천하—천상의 신화적 체계를 온전하게 지키고 있다. 수많은 상징으로 이루어져 있어 무수한 해석을 낳고 분파를 낳는다. 시인은 천상으로부터 내려와 천하에서 서른세 해를 살다가 천상으로 올라(돌아)간 예수를 언급한다. 기록의 배후를 주시한다. "예수는 말구유에서 태어난 걸까"라며 예수의 출생에 대해 의문을 제기하면서 예수의 지상 탄생으로 인해 봉인되어 있던 천상의 비밀들이 "너무 많이 노출되"었다고 말한다. 하지만 인류는 알지 못한다. 천상은 이 세계의 강 건너이고 인류가 세운 모든 기둥의 위여서 가 볼 수 없는 곳이기 때문이다. 2천 년 전의 예수가 치루었던 "과거시험"은 그러니

'과거의 시험' 이다. "시험에 들지 말게 해 달라"는 기도의 구문 속에 예수는 '과거의 시험' 에 합격해 지상으로 내려오게 되었는지 '과거의 시험' 에 떨어져서 지상으로 내려오게 되었는지 모른다는 것이다. 이 모든 것은 혼돈의 연장선상에 존재하는 것이어서 알 수 없다. 그러면 '과거의 시험' 을 출제하는 주체는 또 누구인가?

지구가 사라지니 하느님이 올 데가 없으시다
공간이 하느님이다
하늘이 생각난다 구름이 생각난다
존재하는 것이 하느님이다
손을 쑥 넣으라
틀림없이 하느님이 거기에 계신다

어느 날 지구가 사라졌기에 하는 말이다

—「지구자리 하느님」 전문

신의 昰日이 궁금하다/궁금하지 않다
신의 昰日이 없게 되기를 바란다
최종적 기억이 유지되기를 바란다
최종적 기억이 나와 상관있기를 바란다
최종적 기억이 인류와 상관있기를 바란다

신의 忌日이 궁금하다

기억의 忌日이 궁금하다

—「기억의 忌日이 궁금하다」 전문

"어느 날 지구가 사라"지고서야 비로소 하느님의 실체가 드러난다. "틀림없이 하느님이 거기에 계신다"는 확신은 "지구가 사라졌기에" 비로소 가능하다. "공간이 하느님"이라는 말은 "진리에 대한 불안"과 "진리를 보았을 때의 불안"이 사라진 상태를 의미한다. 이는 멸망 이후에야 비로소 알게 되는 진리에 대한 실체이다. 상징의 소멸이다. 모든 종교는 죽음 이후에 대해 언급하지만 이는 어디까지나 하나의 가설일 뿐 그 누구도 이를 온전히 증명해내지 못한다. 피조물인 인간의 한계다. 인간이 신을 이름 부르지 않을 수 없는 이유다. 끊임없이 궁금증을 가질 수밖에 없는 이유다. 인류의 미래에 대해, 멸망에 대해.

그러므로 인류는 "신의 忌日이 없게 되기를 바란다". 왜냐하면 인류의 멸망은 곧 신의 죽음이기도 하기 때문이다. 인류는 스스로가 영원하기를 염원하면서 "최종적 기억이 유지되기를 바라"는 것이다. 하면서도 인류는 "신의 忌日이 궁금"한 존재이며 "기억의 忌日이 궁금"한 존재이다. 멸망하지 않기를 바라면서 역설적으로 그 멸망의 순간이 언제일까가 내내 궁금한 것이다. 그 '너머' 가 불안한 것이다.

박찬일 시인에게 인류는 멸망할 수밖에 없는 존재인 동시에 영원성을 지닌 존재로 인식된다. 멸망이라니! 인류사를 관통하는 이 공포영화는 상상이 아닌 현실이다. 영원한 현재다. 이를 시인이 말할 때 우리는 우리가 가고 있는 방향성에 대해 의심하지 않을 도리가 없다. 잘못 가고 있는 것인가. 잘 가고 있는 것인가. 하지만 안타깝게도 우리는 그 질문에 대한 대답마저도 준비하고 있지 못하다. 멸망한 인류가 있었고, 이를 기록한 현생인류가 있으며, 이를 바탕으로 현생인류의 멸망에 관여하고 이를 기록할 또 다른 존재가 있을 것이라는 유추밖에는. 그리고 그 존재가 신(하느님)일지도 모른다는 것. 그러나 인류의 멸망 전에는 이러한 가능성 또한 봉인되어 있는 진리라는 것.

과연 "인류가 기억될 수 있는가?" 시인이 시집의 서문에서 언급했지만 이는 멸망을 전제로 성립하는 말이다. 그렇다면 인류는 지금 멸망을 향해 가고 있는가? 300만 년 전의 인류의 출현이 이미 멸망을 전제하고 있었는가? 누가 이에 대한 해답을 내릴 수 있는가? 그렇다면 그건 언제인가? 아, 이 모든 것 역시 인간의 의지가 아니고 인류의 영역이 아닌 신(하느님)의 재량인가? 자신의 미래를 신에게 의탁하지 않으면 안 될 만큼 인류는 그렇게 무력하고 무능한 존재인가? 그러면 인류의 멸망 이후는?

> 붕괴하다가 만 우연의 긴 역사
> 기둥이 떠받들고 있는 것이 붕괴하지 않는다
> 하느님을 떠받든 것이 아니다

인류를 떠받든 것이다
하느님을 떠받들지 않고 인류를 떠받든 것이다
하느님의 인류가 아니라 인류의 하느님
인류를 떠받들고 있는 우연의 긴 역사
기둥은 맨 처음 물었을 것이다
기둥 위에는 무엇이 있을까
기둥 위에도 찬바람이 부는지 몰랐을 것이다
무슨 상관인가
기둥 위에 찬바람이 불고 있다
무슨 정신인가, 무슨 상관인가
인류가 황금기를 누구와 보냈을까

—「인류의 황금기」 부분

인류가 하늘을 받치고 있지 않다
썩고 있는 중이다, 기둥이
바닥을 받치고 있는 것이 아니었다
많이 걸었지만 홀로 가야 한다
가구들은 곧 하얀 천으로 덮이거나 바뀔 것이다
새로 입주한 종이 종 치는 순간
인류가 흔적을 남기지만
하늘에 덮인 것을 찾기 힘들다

—「기둥이 썩고 있는 중이다」 전문

머리를 끌어당기는 쪽에서 편하게 죽여주실지 모른다

창문을 닫은 자, 창문을 닫은 자가 데려갔다

―「무한천공」 부분

일찍이 "인류의 황금기"가 있었다. 그러나 "새로 입주한 종이 종 치는 순간" 인류는 멸망한다. 비록 "인류가 흔적을 남기지만/하늘에 덮인 것을 찾기 힘들다". 멸망한 인류에 대한 궁금함이 남는다. "인류가 황금기를 누구와 보냈을까"라는. 시인은 위에 인용한 세 편의 시들에서 '의문'과 '부정'과 '단정'의 종결어미를 두루 사용한다. 그 중심을 관류하고 있는 "기둥"은 이러한 의문과 부정과 단정의 연결고리다. 아래로부터 위로 솟는 것이 기둥의 속성. 이 기둥은 "하느님"의 출현으로 인해 종교적인 비의로 바뀐다. 성경 속의 바벨탑은 아닌가. 살아서는 도달할 수 없는 저 위의 나라. 저 위의 절대적인 존재가 자신의 정체를 드러내기를 원하지 않으므로, "기둥이 썩고 있는" 중이다. 이 기둥을 세운 주체는 저 위의 존재가 아니라 인류다. 그러므로 통로인 "기둥이 썩고 있는" 이유도 저쪽이 아닌 이쪽, 하느님이 아닌 인류에서 찾아야만 한다. 시인은 이 이유를 "하느님을 떠받들지 않고 인류를 떠받든 것이다"라고 단언한다. "하느님의 인류가 아니라 인류의 하느님"으로 여긴 죄. 돌이킬 수 없는 불경이다. 본디 바닥을 받치고 있어야 할 기둥이 기실은 "바닥을 받치고 있는 것이 아니었다"고 말한다. 그러면 이 기둥은? 위에서 아래로 거꾸로 내려온 것이 된다. 과연 기둥이 아래로부터 위로 솟은 것인지 위에서 아래로 내려진 것인지 이 또한 알 수 없지만 이 모든 것이 "창문을 닫은 자" 즉, 인류를 멸망하게 한 자의 의시라는 것이다. 이렇게 나름 정리해 보아도 성경의 요한계시록을 읽는 것 같은 공포를 느끼게 하는 이들 시편들의 중심에 놓여 있는 "기둥"의 정체를 어떻게 이해해야 할지 난감하기만 하다. 시인의 시선이 절대자의 편에 서 있는지 아니면 인류의 편에 서 있는지도 잘 모르겠고, "기둥"이 인간의 욕망이나 문명을 이야기하고 있는지 아니면 또 다른 무엇을 의미하는지도 추측하기가 용의치 않다. 다만 인류는 다음 페이지로 넘겨지기 전에 끊임없이 "기둥 위에는 무엇이 있을까"라는 의문을 끝내 지우지 않는다. 스스로 만들어낸 상징으로부터 벗어나려 하지 않는다.

아무튼 복잡하기 그지없는 시인의 방정식을 답 내는 일은 한없이 어렵고 일견 불가능하게도 여겨진다. 이 방대한 잠언집을 읽는 내내 나는 x절편 위에서 움직였다. y축이 제로인 지대—현재다. 내가 죽으면 인류는 없다. 이 절망의 역설이 삶을 구축한다. 박찬일 시인의 시는 삶 이전에 있고, 죽음 이후에 있다. 그러니까 삶이 없다. 삶이 없는 생. 우리가 그렇게 산다. 숨 쉬므로 삶이 보전되는 이 기막힌 아이러니를, 박찬일 시인은 삶이 비어 있다고 말한다. 비워두고 사는 삶. 누구나 그렇게 살고 싶어 하지만, 그건 삶이 아니다. 삶이 아닌 것. 이게 삶이다. 죽음 아닌 것.

이게 죽음이다. 삶 이전에 관한, 죽음 이후에 관한 새로운 인식의 경전 하나를 참 힘겹고 아프게 지나쳐 왔다.

인류는 영원한가. 아마도 그럴 것인가. 멸망 이후는 인류의 것이 이미 아니므로, 그 생존의 기록마저도 인류는 확인할 권리 밖에 있으므로, 따라서 영원할 수밖에 없는 것이다. 박찬일 시인은 이 불가해한, 거대한 물음을 현생인류에게 던지고 있다. 자신의 시로, 영원한 x축인 자신의 삶으로.

> 나날이 달라지는 것은 기쁜 일이다
> 안경이 하나 더 있는 것은 고마운 일이다
> 안경을 완전히 벗는 날이 올 것이다
> 새로운 인간을 받으라
>
> —「희망의 원칙」 부분

시인은 그리고, "현생인류"의 멸망 이후에 새로운 "인류"의 탄생이 있을 것을 예언한다. 또 다른 인류의 출현을 예고한다. 이를 두고 시인은 "희망의 원칙"이라 명명한다. 엄청난 극적 반전이다. "안경이 하나 더 있는 것은 고마운 일이"라고, "눈"은 또 하나 마련되어 있다고 말하며 현생인류의 멸망, 즉 "안경을 완전히 벗는 날" 새로운 인류가 탄생할 것이라고 예언한다. 미래의 어느 날 시인의 예언이 정말로 들어맞을 것인가. 실현될 것인가. 그렇다면 시인이 말한 대로 "네안데르탈인을 돌칼로 발라먹었다"는 우리 현생인류는 다른 이름의 "네안데르탈인"들이었을까. 새로운 인류가 탄생하면 새로운 신(하느님)이 출현하는 걸까. 박찬일 시인의 예언이 어디까지 이어질는지, 예나 지금이나 눈이 어두운 나는 단언하지 못하겠다. 오해와 오독이 분명하다고 생각도 되지만 x축 위에서 인간의 현재를 대상으로 쓰이는 지상의 대부분의 서정시들과는 전혀 다른, y축의 무한을 상징으로 드러내는 그 높이와 깊이를 온전히 이해하는 일은 여전히 어렵고도 무서운 일이다. 시인이 지속적으로 노래하고 있는 이 거대한 "상징"이 "절대로 건널 수 없는 지점에 위치해 있다"고 말하는 문학평론가 김석준의 깊은 고뇌 역시 그런 것일까.

시인시각시선 004
인류

ⓒ 박찬일

초판인쇄 2011년 9월 23일 초판발행 2011년 9월 30일
지은이 박찬일 펴낸이 김충규 펴낸곳 **문학의전당**
디자인 이효숙(fbicafe@naver.com)
출판등록 제387-2003-00048호(2003년 9월 8일)
주소 420-752 경기 부천시 원미구 상동 392 한아름마을 1511-1603
사무실 121-718 서울시 마포구 공덕2동 404번지 풍림VIP빌딩 413호
전화번호 02-852-1977 팩시밀리 02-852-1978
블로그 http://blog.naver.com/mhjd2003 전자우편 mhjd2003@naver.com

ISBN 978-89-97176-01-4 03810

*이 책은 한국문화예술위원회의 문화진흥기금을 받아 제작되었습니다.